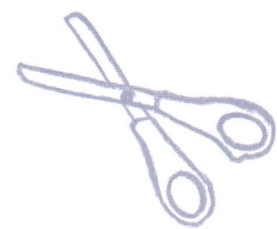

# 어린이 직업 아카데미 ⑩
# 요리사

### 글 스티브 마틴

영국에서 선생님을 하다가 어린이를 위한 책을 쓰기 시작했고, 오랫동안 많은 작품 활동을 했어요.
이 시리즈는 학교에서 어린이들을 가르칠 때 직업의 세계를 새롭게 전달해 줄 방법을 고민했던 작가가
전문가들의 의견을 참고하여 만들었어요.

### 그림 한나 본

영국에서 활동하는 일러스트레이터예요. 밝은 색과 신비로운 질감을 살려 작업하고 있어요.

### 옮김 박찬일

잡지 기자로 활동하다가 요리에 흥미를 느껴 이탈리아로 유학을 떠났어요. 3년간 요리와 와인을 공부하고
이탈리아에서 요리사로 일하다 한국으로 돌아와 여러 레스토랑에서 일했어요. 우리나라 1세대 스타 셰프로
각종 언론 매체에 칼럼을 쓰면서 와인과 요리 강의에도 열중하고 있어요. 지금까지 쓴 책으로는
《될 수 있다! 요리사》《추억의 절반은 맛이다》《백년식당》《지중해 태양의 요리사》 등이 있어요.

---

## 어린이 직업 아카데미 ⑩ 요리사

**초판 1쇄 발행** 2018년 10월 1일

**글** 스티브 마틴 | **그림** 한나 본 | **옮김** 박찬일
**펴낸이** 홍석 | **전무** 김명희 | **편집부장** 이정은 | **편집** 차정민·이선아 | **디자인** 나비 | **마케팅** 홍성우·이가은·김정혜·김정선 | **관리** 최우리
**펴낸곳** 도서출판 풀빛 | **등록** 1979년 3월 6일 제8-214호 | **주소** 서울특별시 서대문구 북아현로 11가길 12 3층 (북아현동, 한일빌딩)
**전화** 02-363-5995(영업) 02-362-8900(편집) | **팩스** 02-393-3858 | **전자우편** kids@pulbit.co.kr | **홈페이지** www.pulbit.co.kr

ISBN 979-11-6172-076-0 74080
ISBN 978-89-7474-718-3 (세트)

이 도서의 국립중앙도서관 출판예정도서목록(CIP)은 서지정보유통지원시스템홈페이지(http://seoji.nl.go.kr)와
국가자료공동목록시스템(http://www.nl.go.kr/kolisnet)에서 이용하실 수 있습니다.(CIP제어번호: CIP2018012229)

**Chef Academy** by Steve Martin and Hannah Bone
First published in the UK in 2018 by Ivy Kids at Ovest House 58 West Street, Brighton BN1 2RA, United Kingdom
Copyright © 2018 Ivy Kids, an imprint of Ivy Press Limited All rights reserved.
Korean translation rights arranged with Quarto Publishing Plc, for its Imprint The Ivy Press through Amo Agency, Korea.

이 책의 한국어판 저작권은 AMO 에이전시를 통해 저작권자와 독점 계약한 도서출판 풀빛에 있습니다.
신 저작권법에 의해 한국 내에서 보호를 받는 저작물이므로 무단 전재와 무단 복제를 금합니다.

*파본이나 잘못된 책은 구입하신 곳에서 바꿔드립니다.

**제품명** 아동 도서 | **제조년월** 2018년 10월 1일 | **사용연령** 8세 이상
**제조자명** 도서출판 풀빛 | **제조국명** 대한민국 | **전화번호** 02-363-5995
**주소** 서울 서대문구 북아현로 11가길 12 3층 (북아현동, 한일빌딩)
KC마크는 이 제품이 공통안전기준에 적합하였음을 의미합니다.

⚠ **주 의**
종이에 베이거나 긁히지
않도록 조심하세요.
책 모서리가 날카로우니
던지거나 떨어뜨리지 마세요.

# 어린이 직업 아카데미 ⑩
# 요리사

스티브 마틴 글

한나 본 그림

박찬일 옮김

풀빛

# 차례

요리사 아카데미에 오신 걸 환영합니다! 6
수업 과정을 살펴볼까요? 8

## 요리 기술 익히기

영양소 10
음식의 종류 12
맛을 알아봐요 14
양념을 해요 16
세계의 음식들 18
요리법을 알아봐요 20
과일과 채소 22
과일 샐러드 요리법 24
놀라운 음식들 26

## 부주방장

주방에는? 28
요리 도구를 알아봐요 30
여러 가지 요리법 32
식품 위생 34
음식을 준비해요 36
음식을 저장해요 38
주문 받기 40
계량해 볼까요? 42
레스토랑에서는 누가 일할까요? 44

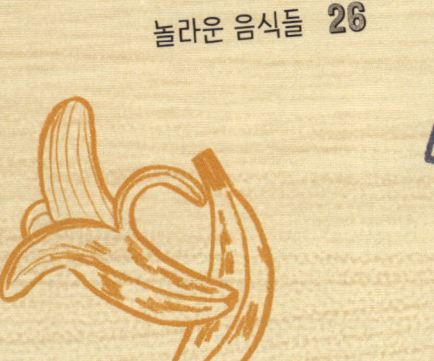

### 주방장

요리복을 살펴요  46

3코스 요리  48

메뉴를 만들어요  50

주방장의 업무  52

가격을 정해요  54

보기 좋은 음식  56

채소 볶음을 만들어요  58

미쉐린 가이드  60

### 부록

스티커

게임말

요리 도구 게임 카드

세계의 요리 포스터

피자 토핑 게임판

컵케이크 장식하기

# 요리사 아카데미에 오신 걸 환영합니다!

축하합니다! 요리사 아카데미에 오셨군요. 요리사는 매우 창조적인 일을 해요.
그림을 그리거나 음악을 만드는 일처럼 요리를 만들어서 여러 사람을 행복하게 하지요.
대부분의 사람들이 간단한 요리를 할 수 있지만, 모두 요리사라고 하기는 어려워요.
요리사는 단순히 맛있는 음식만을 만드는 게 아니거든요. 주방의 요리사 팀을 관리하고,
최고의 재료를 준비하고, 음식점을 성공으로 이끄는 일까지 하지요.
요리사는 다양한 장소에서 일해요. 주방이 있는 곳이라면 어디라도
요리사가 필요하지요. 학교, 병원, 호텔에서도 요리사를 만날 수 있어요.

요리사 아카데미에서는 요리사가 되기 위해 꼭 필요한 것들을
배우고 체험할 거예요.

* 다양한 맛 경험하기
* 새로운 요리 방법 배우기
* 요리법 따라해 보기
* 메뉴 계획하기

요리사 아카데미에 입학하기 전에 아카데미 동의서를 꼼꼼히 읽고 서명해 주세요.

## 아카데미 동의서

안전은 요리에서 가장 중요한 수칙입니다. 저는 어른의 확인 없이는 절대로 요리 도구를 사용하지 않겠습니다. 저는 어른의 도움 없이는 절대로 가스레인지나 오븐을 사용하지 않겠습니다.

서명:

첫 번째 임무는 예비 요리사 카드를 만드는 거예요.

이름:

나이:

입학 날짜:

존경하는 요리사:

# 수업 과정을 살펴볼까요?

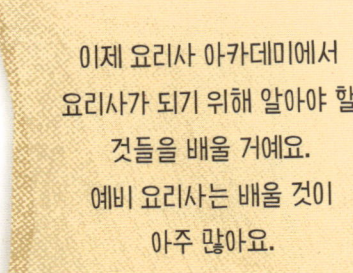

이제 요리사 아카데미에서 요리사가 되기 위해 알아야 할 것들을 배울 거예요. 예비 요리사는 배울 것이 아주 많아요.

**요리 기술 익히기**

요리법을 따라 하는 방법이나 음식에 양념을 하는 법과 같은 기본적인 요리의 기술을 익힐 거예요. 영양소에 대해서 공부하고, 맛에 대해서 배우고, 다양한 종류의 음식을 만나게 된답니다.

**부주방장 과정**

부주방장은 주방장을 보조하는 동시에 음식을 준비하고, 주방을 깨끗하고, 안전하게 관리하는 사람이에요. 부주방장 과정에서는 주방의 구조, 요리 도구 그리고 다양한 요리 방법을 배울 거예요.

**주방장 과정**

주방장은 부엌에서 가장 실력 있는 사람으로 요리사 팀을 관리해요. 주방장 과정에서는 어떻게 요리를 선보이고 메뉴를 계획하는지, 레스토랑의 재정과 팀은 어떻게 관리하는지 배울 거예요.

## 요리 기술 익히기

# 영양소

가장 좋아하는 음식을 떠올려 보세요. 먹으면 어떤 기분이 드나요? 맛있는 음식을 먹으면 대부분의 사람은 즐거워해요. 하지만 음식은 즐거움보다 더 중요한 역할을 해요. 음식에 있는 영양소는 우리를 건강하게 만들어 주고, 성장하도록 도와줘요. 지금부터 6가지 영양소를 소개할게요.

**탄수화물**은 에너지를 만들어요. 빵과 밥, 파스타 등에 들어 있어요.

**미네랄**은 철분처럼 산소가 피를 통해 잘 순환할 수 있도록 도와주는 물질을 말해요. 철분은 닭고기나 붉은 고기에서 얻을 수 있어요.

**비타민**은 몸을 건강하게 유지시켜 줘요. 브로콜리에 들어 있는 비타민 C는 피부에 좋고, 당근에 많은 비타민 A는 눈 건강에 도움이 되지요.

**지방**은 열량이 가장 높은 에너지원이에요. 유제품과 기름에 많이 들어 있어요.

**단백질**은 근육을 만들고, 유지하는 데 도움을 줘요. 고기와 해산물, 견과류에 많아요.

**섬유질**은 영양소는 아니지만 우리 몸에서 중요한 역할을 해요. 배변 활동을 도와주거든요. 채소와 과일, 콩은 모두 섬유질이 많은 음식이에요.

## 접시에 음식을 그려요

요리사는 맛있을 뿐만 아니라 건강에 좋은 음식을 만들어야 해요. 10쪽에 있는 설명을 참고해서 모든 종류의 영양소를 포함하는 맛있는 식사를 그려 보세요.

음식을 다 그렸으면, 여기에 스티커를 붙이세요.

스티커는 이곳에

**임무 완수**

# 음식의 종류

요리 기술 익히기

여러 가지 요리를 하려면 다양한 음식 종류를 알고 있어야 해요.
어떤 종류가 있는지 알아볼까요?

**곡물**은 옥수수, 밀, 쌀, 귀리와 같은 농작물이에요. 밥, 빵, 파스타는 곡물로 만들어요.

모든 **유제품**은 한 가지 공통점이 있어요. 모두 동물의 젖으로 만들었어요! 치즈, 요거트, 버터는 모두 유제품이에요.

**과일**은 자라서 씨앗을 품어요. 단맛이 나는 과일이 대부분이지만 토마토와 같은 몇 가지 과일은 짭짤한 맛이 나기도 해요.

**채소**는 양배추, 당근, 감자, 양파와 같은 농작물이에요.

**해산물**은 바다에 사는 생물로 참치, 새우, 조개와 같이 다양한 종류가 있어요.

소고기, 햄, 돼지고기, 양고기는 모두 **육류**에 속해요.

## 샌드위치 안에는 무엇이 있을까요?

요리사는 다양한 재료를 사용해서 균형 잡힌 식사를 만들어야 해요. 샌드위치에는 어떤 음식이 쓰였을까요? 12쪽에서 찾아 써 보세요.

### 음식의 종류

- 빵
- 상추
- 토마토
- 햄
- 치즈
- 빵

정답을 확인하고 여기에 스티커를 붙이세요.

스티커는 이곳에

**임무 완수**

요리 기술
익히기

# 맛을 알아봐요

거울을 보며 혀를 내밀어 보세요. 혀에 있는 돌기가 보이나요? 맛봉오리는 혀의 돌기 안에 있는데, 한 사람이 평균적으로 2천 개에서 8천 개의 맛봉오리를 가지고 있다고 해요. 맛봉오리는 음식의 맛을 느끼지요.

맛봉오리는 다섯 가지의 맛만 알아차릴 수 있어요. 요리사는 새로운 맛을 만들기 위해서 다양한 방법으로 다섯 가지 맛을 조합해요.

맛을 알아차리는 데 후각은 아주 중요한 역할을 해요! 코가 막혔을 때는 음식의 맛이 덜 느껴지지요.

# 미각 테스트
음식이 맛있는지 확인하려면 섬세한 미각을 가져야 해요.
지금부터 미각 테스트를 해 볼까요?

준비물 : 스카프나 안대, 4가지 다른 맛의 음식, 실험 도우미

1. 도우미에게 네 가지 음식을 준비해 달라고 해요.
   도우미가 어떤 음식을 준비하는지 보면 절대로 안 돼요.

2. 도우미에게 스카프나 안대로 눈을 가려 달라고 해요.

3. 도우미가 한 번에 하나씩 맛볼 음식을
   줄 거예요. 그 음식이 무엇인지 맞혀 보세요.
   맛을 볼 때마다 음식의 맛을 큰 소리로
   표현해 보세요.

4. 끝난 다음 안대를 벗어 보세요.
   추측이 맞았나요?

5. 비슷한 맛의 음식들로 테스트를 하면 난이도를 높일 수 있어요.
   예를 들어 4가지 과일이나 음료로 테스트하면 돼요.

미각 테스트를 완료했으면,
여기에 스티커를 붙이세요.

스티커는 이곳에

임무 완수

요리 기술
익히기

# 양념을 해요

맛에 대한 감각을 길렀다면, 요리사가 다음으로 배워야 할 것은 음식에 양념을 하는 방법이에요. 양념은 새로운 맛을 내기 위해 주재료에 맛을 더하는 것을 의미해요. 하지만 모든 양념이 좋은 맛을 내는 것은 아니에요. 오렌지 주스에 소금을 넣거나, 감자칩 위에 설탕을 뿌리면 어떨까요? 생각만 해도 아찔하지 않나요? 따라서 주재료에 맞는 양념을 해야 하지요. 지금부터 양념의 종류를 알아보세요.

**소금**과 **후추**는 가장 잘 알려진 조미료예요. 약간의 소금과 후추만으로 음식의 맛이 많이 좋아지지요. 요리사에게는 아주 중요한 양념이에요.

음식에 맛을 더하는 데 쓰이는 식물의 잎을 **허브**라고 불러요. 허브에는 로즈마리, 민트 등 다양한 종류가 있어요. 생잎을 쓰기도 하고 말려서 쓰기도 해요.

**향신료**는 식물의 씨앗이나 뿌리, 혹은 열매를 말린 것이에요. 주로 갈아서 가루 형태로 사용하지요. 대표적인 향신료로는 계피나 파프리카가 있어요.

**고추**는 음식의 맛을 맵게 할 때 사용해요. 생고추를 쓰거나 말려서 가루로 빻아 쓰지요. 매운 음식을 좋아하는 사람도 있지만, 잘 먹지 못하는 사람도 있으니 주의해서 사용해야 해요!

레몬, 라임, 혹은 식초 같은 **신맛**은 음식의 풍미를 높여 줘요. 예를 들어, 레몬은 생선의 비린 맛을 잡아 주고, 발사믹 식초는 딸기와 함께 먹으면 맛이 훌륭해지지요.

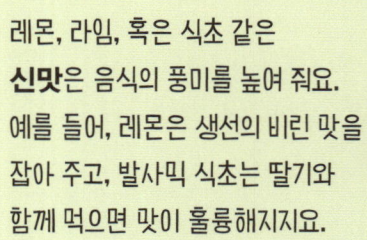

## 허브를 키워요!

허브는 슈퍼마켓에서 살 수 있지만, 갓 딴 허브가 맛도 좋고 값도 저렴해요.
그러니 허브를 직접 키워 요리하면 좋겠지요?

준비물 : 15cm 깊이의 화분, 흙, 실내용 허브(파슬리, 로즈마리, 민트, 바질, 쪽파, 세이지 등), 작은 접시, 물

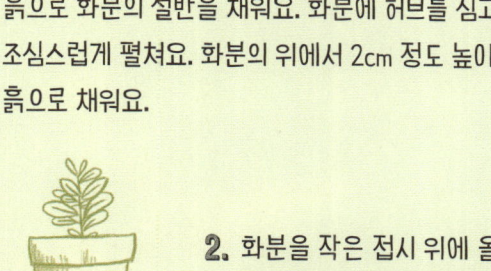

1. 흙으로 화분의 절반을 채워요. 화분에 허브를 심고 뿌리를 조심스럽게 펼쳐요. 화분의 위에서 2cm 정도 높이까지 흙으로 채워요.

2. 화분을 작은 접시 위에 올려요. 작은 접시는 화분 아래에 구멍으로 나오는 물을 받아 줄 거예요. 햇빛을 잘 받도록 화분을 창가에 둬요.

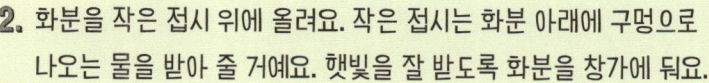

3. 허브가 잘 자라도록 물을 줘요. 어떤 허브는 물이 많이 필요하지 않을 수도 있어요. 흙에 손을 댔을 때 흙이 말라 있으면 물을 주세요.

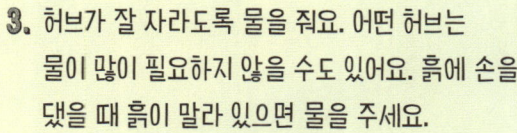

4. 허브가 잘 자랐으면 요리할 때 잎사귀 몇 개를 따서 사용해 보세요. 맛이 훨씬 좋아질 거예요.

허브 심기를 끝냈으면, 여기에 스티커를 붙이세요.

**스티커는 이곳에**

**임무 완수**

요리 기술 익히기

# 세계의 음식들

대부분의 나라에는 고유한 음식이 있어요. 몇몇 음식은 아주 유명해져서 전 세계로 퍼져 나가기도 했지요. 카레는 인도에서 처음 만들었지만, 지금은 전 세계 곳곳에서 볼 수 있어요. 요리사는 여러 나라의 음식을 살펴서 새로운 요리 기법과 재료들을 발견할 줄 알아야 해요.

## 요리 이름 맞히기

**설명을 잘 읽고, 19쪽에 있는 요리 이름과 나라를 맞혀 보세요.**

**요리 1.**
이 초록색 소스는 고추, 라임즙, 마늘, 아보카도를 으깨서 만들어요.

**요리 2.**
페이스트리 반죽과 단호박을 구워서 만들어요. 크림과 함께 먹기도 해요. 추수 감사절 같은 집안 행사 때 먹어요.

**요리 3.**
이 수프에는 비트가 들어가서 붉은 빛이 나요. 신맛이 나는 사워크림과 함께 먹기도 해요.

**요리 4.**
밀가루 반죽과 토마토소스로 만들어요. 치즈, 고기, 채소, 생선과 같은 다양한 토핑을 사용해 만들지요.

**요리 5.**
초승달 모양의 빵이에요. 버터 페이스트리 반죽을 여러 겹 말고, 쌓아서 만들어요.

**요리 6.**
아주 매운 스카치 보넷 고추로 맛을 낸 요리예요. 양념으로 고기를 버무린 다음, 석쇠에 굽지요.

자메이카의 저크 치킨

우크라이나의 보르시

프랑스의 크루아상

미국의 호박 파이

이탈리아의 피자

멕시코의 구아카몰레

요리 이름과 나라를 찾았으면 여기에 스티커를 붙이세요.

스티커는 이곳에

**임무 완수**

정답 ▶ 문제11 - 멕시코의 구아카몰레, 문제12 - 미국의 호박 파이, 문제13 - 우크라이나의 보르시, 문제14 - 이탈리아의 피자, 문제15 - 프랑스의 크루아상, 문제16 - 자메이카의 저크 치킨

요리 기술 익히기

# 요리법을 알아봐요

요리사는 요리법을 보고 요리할 줄 알아야 해요. 요리법은 요리하는 방법을 알려 줄 뿐만 아니라 재료의 종류와 양도 알려 줘요.

음식을 먹을 사람의 수를 기준으로 표시해요. 1인분, 2인분 이렇게요.

요리하는 데 얼마나 시간이 걸리는지 나타내요.

요리에 필요한 재료예요. 요리를 시작하기 전에 재료를 확인하고 빠짐없이 준비해요.

단계별로 차근차근 조리법을 설명해 줘요.

시즈닝이나 토핑, 곁들임 요리처럼 음식과 함께하면 좋은 팁을 알려 줘요.

**딸기 아이스크림 요리법**

**분량** 4인분

**요리 시간** 10분

**재료** 딸기 15개
   우유 크림 300ml
   연유 100g

**요리 방법**
1. 딸기 꼭지를 떼어 내요.
2. 딸기를 믹싱 볼 안에 담고, 포크 뒷면으로 으깨요.
3. 우유 크림을 믹싱 볼 안에 넣고, 포크로 딸기와 함께 섞어요.
4. 연유를 믹싱 볼 안에 넣고 잘 섞어요.
5. 플라스틱 용기 안에 섞은 것을 붓고 한나절 냉동실 안에 넣어 둬요.

**서빙 방법** 아이스크림을 그릇에 담아 대접하세요. 슈가 파우더, 초콜릿 칩 혹은 다른 토핑을 더해 보세요.

**! 알레르기**
이 요리법에 있는 재료에 알레르기가 있는지 꼭 확인하세요.

## 어떤 음식을 만들까?

아래 메모장에 4가지 재료가 쓰여 있어요.
이 재료로 어떤 음식을 만들 수 있는지 적어 보세요.

### 재료
1. 상추, 토마토, 적 양파, 오이

### 재료
2. 체리, 밀가루, 버터, 달걀, 설탕

### 음식 이름
채소 샐러드
체리 파이
치킨 카레
볼로네제 스파게티

### 재료
3. 스파게티, 다진 고기, 토마토소스, 마늘, 양파

### 재료
4. 치킨, 커민, 토마토, 풋고추

음식 이름을 맞혔으면 여기에 스티커를 붙이세요.

**스티커는 이곳에**

**임무 완수**

정답 ▶ 1. 채소 샐러드 2. 체리 파이 3. 볼로네제 스파게티 4. 치킨 카레

요리 기술
익히기

# 과일과 채소

요리사는 학교나 요양 시설처럼 건강 식단이 필요한 곳에서 일하기도 해요. 건강 식단에는 비타민이 많이 들어 있는 채소와 과일이 반드시 들어가야 해요. 과일과 채소는 질병을 예방하는 데 도움이 되거든요.

- ☐ 배
- ☐ 오렌지
- ☐ 사과
- ☐ 수박
- ☐ 바나나
- ☐ 체리
- ☐ 가지
- ☐ 시금치
- ☐ 콩
- ☐ 고추
- ☐ 오이
- ☐ 당근

과일과 채소를 요리하는 방법은 여러 가지가 있어요. 채소를 곁들인 생선 요리를 메인 코스로 만들 수도 있고, 과일로 맛있는 후식을 만들 수도 있지요. 샐러드, 채소 볶음, 채소 수프, 생과일주스처럼 다양하게 만들 수 있어요.

왼쪽의 목록 보세요. 잘 살핀 다음 자주 먹는 채소나 과일을 체크해 보세요.

## 나는 누구일까요?

아래에 있는 과일과 채소가 어떤 것인지 알 수 있나요?
힌트를 읽고 상자 안에 답을 써 보세요.

1. 송이 단위로 자란다.
2. 적색이나 청색이 가장 흔하다.
3. 잼이나 젤리 혹은 주스를 만들어 먹는다.

정답 :

1. 땅에서 자란다.
2. 으깨거나 튀기거나 굽거나 삶아서 먹는다.
3. 칩이나 튀김을 만들어 먹는다.

정답 :

1. 나무에서 자란다.
2. 햄과 함께 주로 피자 토핑으로 쓰인다.
3. 잎이 뾰족하다.

정답 :

1. 여러 겹으로 이루어져 있다.
2. 마늘과 함께 음식의 양념으로 많이 쓰인다.
3. 자르면 눈물이 날 만큼 맵다.

정답 :

퀴즈를 다 풀었으면 정답을 확인하고 여기에 스티커를 붙이세요.

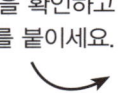

스티커는 이곳에

**임무 완수**

정답 ▶ 가 - 포도, 나 - 감자, 다 - 파인애플, 라 - 양파

**요리 기술 익히기**

# 과일 샐러드 요리법

맛있는 과일 샐러드를 만들어 볼까요? 요리법을 잘 읽고 차근차근 요리해 보세요. 어른에게 도움을 요청해도 좋아요.

## 과일 샐러드 요리법

**분량** 2인분

**재료** 오렌지 주스 1/4잔
바나나 1/2개
오렌지 1/2개
포도 10알
딸기 8개
사과 1/2개
설탕 1큰술

**팁**
4인분을 만들려면 재료의 양을 두 배로 준비하면 돼요.

### 요리 방법

1. 포도와 딸기를 반으로 잘라요.
2. 오렌지, 사과, 바나나도 작은 조각으로 잘라요.
3. 모든 과일을 한 그릇에 담아 섞어요.
4. 오렌지 주스에 설탕을 넣고 섞은 다음, 과일 위에 부어요.

**팁** 설탕은 원하는 만큼 넣으면 돼요.

**팁**
요리법에서는 큰술과 작은술을 사용해요. 큰술은 밥숟가락이고 작은술은 티스푼이에요.

**서빙 방법** 과일 샐러드를 커다란 볼에 담아 대접해요.

**알레르기**
이 요리법에 있는 재료에 알레르기가 있는지 꼭 확인하세요.

요리사는 자신이 개발한 음식에 이름을
직접 붙이기도 해요. 과일 샐러드의 이름을
생각해 보고 아래에 적어 보세요.

## 오늘의 요리

..........................................................................

..........................................................................

..........................................................................

요리법은 단지 참고 자료라는 것을 잊지 마세요. 요리사는
요리법을 입맛에 맞게 바꾸거나 새롭게 바꿀 수도 있어요.
다음번에는 다른 과일을 더 넣거나, 라임 주스
혹은 포도 주스를 쓰거나, 크림을 넣어 보세요.
새로운 요리가 탄생할 거예요!

과일 샐러드를 다 만들었으면
여기에 스티커를 붙이세요.

**스티커는
이곳에**

**임무 완수**

요리 기술 익히기

# 놀라운 음식들

음식은 우리가 생각하는 것보다 훨씬 놀라워요. 음식에 대한 몇 가지 신기한 사실을 알아볼까요?

**똥**을 이용한 **커피**가 있다는 사실, 알고 있나요? **사향고양이**는 커피 원두를 먹어요. 원두가 고양이의 내장을 통과하여 똥으로 나오면 사람들은 고양이 똥에서 커피 원두를 골라내, 잘 세척한 다음 갈아서 커피로 만들어요. **세계에서 가장 비싼 커피**지요.

**중동**에 아주 특별한 음식이 있어요. **세계에서 가장 큰 음식**으로 기록되어 있지요. 이 음식은 이렇게 만들어요. 먼저 생선의 속을 달걀로 채운 다음, 생선을 닭에 넣어요. 그리고 닭을 양 속에 넣어요. 마지막으로 양을 구운 낙타 안에 넣지요.

오늘날 우리가 먹는 대부분의 **당근**은 주황색이지만, 한때는 보라색 당근이 더 많았어요. 보라색 당근이라니 신기하지 않나요?

잘 익은 **크랜베리**는 고무공처럼 통통 잘 튀어요.

요리 정보

**소 한 마리**로 700 ~ 800개의 햄버거를 만들 수 있어요!

## 축하합니다! 요리의 기술 과정을 마쳤어요.

### 요리의 기술 수료증

이름 : ------------------------------

위 사람은 요리의 기술 과정을 마쳤습니다.
그동안의 노력에 감사드립니다.

이제 부주방장 과정에 도전할 수 있습니다.

수료 날짜 : ------------------------

 **부주방장**

# 주방에는?

오븐과 가스레인지

서빙 카운터

채소 준비 구역

부주방장이 되려면 주방이 어떻게 구성되어 있는지 알아야 해요.
부록에 있는 스티커를 붙여서 주방을 완성해 보세요.

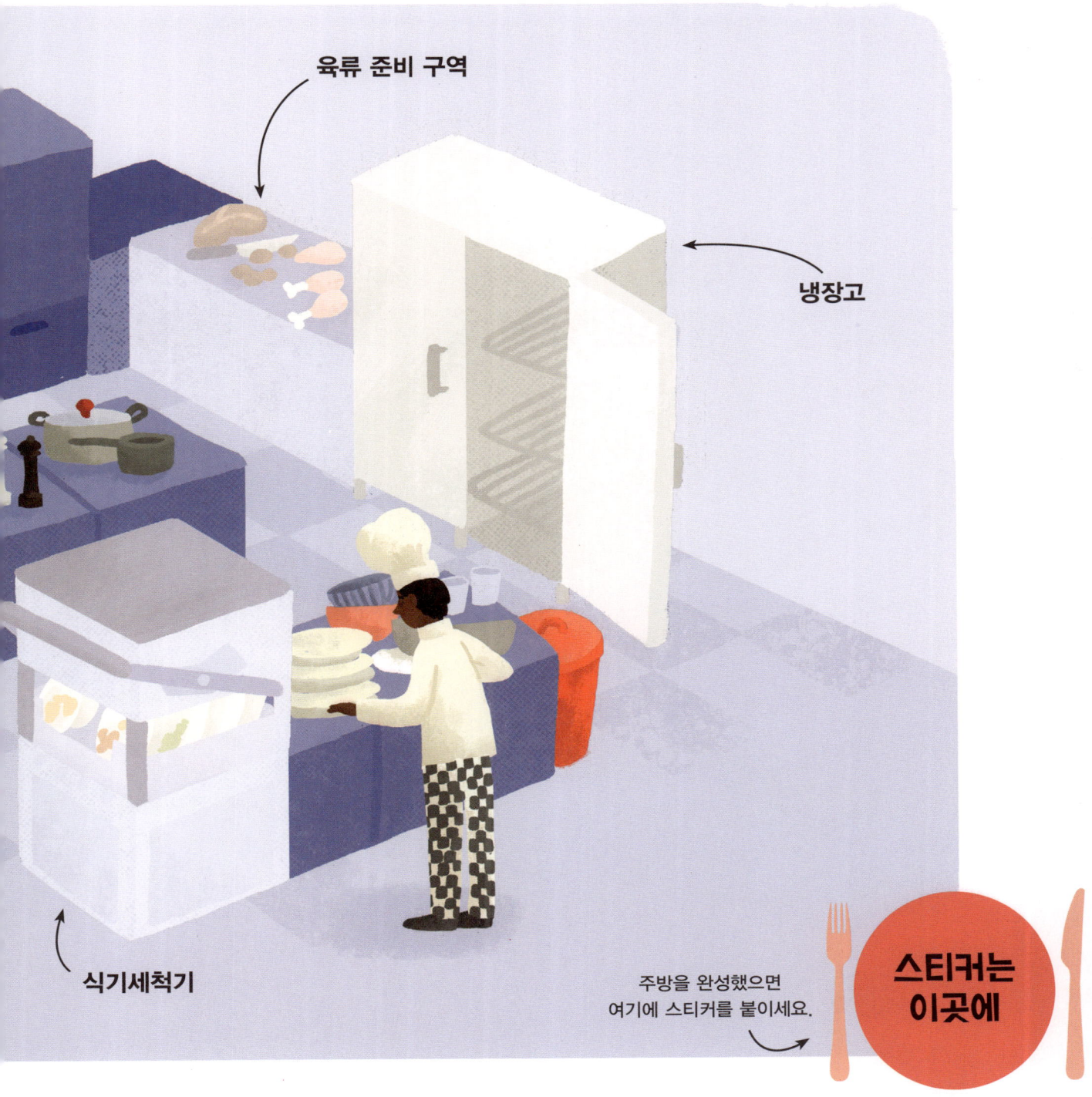

육류 준비 구역

냉장고

식기세척기

주방을 완성했으면 여기에 스티커를 붙이세요.

스티커는 이곳에

임무 완수

# 요리 도구를 알아봐요

주방에는 다양한 종류의 도구가 있어요. 다음 도구들은 요리하는 데 가장 중요하고 기본적인 도구들이에요. 잘 읽고 외워 두세요.

**강판** 재료를 갈 때 써요.

**거품기** 거품을 내거나 음식을 섞을 때 써요.

**뒤집개** 음식을 펴거나 들어 올릴 때 써요.

**오븐 장갑** 오븐에서 음식을 꺼낼 때 써요. 뜨거운 열로부터 손을 보호해요.

**국자** 수프나 국을 뜰 때 써요.

**칼** 음식을 자를 때 써요.

**후라이팬** 끓이거나 튀길 때 써요.

**밀방망이** 반죽을 밀 때 써요.

# 거품을 내 보아요!

거품기는 거품을 내거나 여러 재료들을 한군데에서 섞을 때 써요. 거품기를 어떻게 쓰는지 훈련해 보세요.

준비물 : 거품기, 커다란 볼, 주방 세제 1작은술, 물 1컵

1. 볼에 물을 붓고, 주방 세제를 넣어요.

2. 한 손으로는 그릇을 단단히 잡고, 다른 손으로 거품을 내요. 최대한 빠르게 거품기를 양옆으로 움직이면서 물과 세제를 섞어요.

3. 그림처럼 거품이 많이 생겼나요? 그렇다면 물과 주방 세제가 잘 섞였다는 뜻이에요. 잠깐! 거품을 먹으면 절대로 안 돼요!

거품을 잘 만들었으면 여기에 스티커를 붙이세요.

스티커는 이곳에

**임무 완수**

**부주방장**

# 여러 가지 요리법

음식을 요리하는 여러 가지 방법이 있어요. 아래에 나와 있는 요리 방법을 읽어 보세요.

음식을 **구울 때**에는, 음식의 아래, 위, 혹은 사이에 골고루 열을 가해요. 토스트는 구운 음식의 한 종류예요.

**튀기기**는 적은 양의 음식을 빠르게 익히기 좋은 방법이에요. 음식을 넓고 얕은 팬에 기름을 넣고 열을 가해 익히지요.

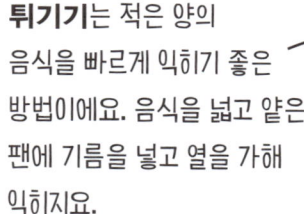

음식을 **삶을 때**에는, 아주 뜨거운 물이 담긴 깊은 냄비에서 요리해요.

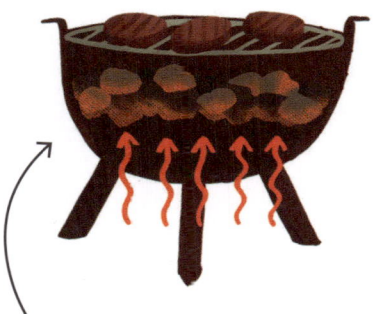

**바비큐**는 가스나 숯을 이용해 고기를 야외에서 굽는 방법이에요. 숯에서 나오는 연기가 음식에 풍미를 더한답니다.

고기와 채소는 오븐에서 **로스팅**한다고 하며, 빵이나 케이크는 **베이킹**한다고 해요. 오븐은 모든 방면에서 열을 가할 수 있어 커다란 음식을 요리하기에 좋아요.

## 요리하기

가스레인지 위에 두 개의 프라이팬을 그리고, 그 위에 튀기거나 삶고 있는 음식을 그려 보세요. 오븐 속에서 로스팅하거나 베이킹하는 음식도 그려 보세요.

음식을 다 그렸으면 여기에 스티커를 붙이세요.

**스티커는 이곳에**

**임무 완수**

부주방장

# 식품 위생

음식을 만들 때 가장 중요한 것은 바로 위생이에요. 어떤 일이 있어도 주방을 항상 깨끗한 상태로 유지해야 하지요. 만약 주방이 지저분하면 음식을 먹은 사람들이 질병에 걸릴 수 있어요. 세계 어느 곳에서나 식품 위생을 아주 중요하게 생각해요. 그래서 주방의 청결도를 점검하고 요리사들이 식품 위생 규칙을 지키도록 감시한답니다.

아래에 있는 식품 위생 규칙을 읽고 반드시 지키세요.

* 손을 씻어요.
* 깨끗한 옷을 착용해요.
* 긴 머리는 뒤로 묶어요.
* 상처는 모두 파란색 방수 붕대로 감싸요.
* 만약 몸이 아프다면 음식을 준비하거나 요리하지 않아요.
* 음식 준비 공간을 깨끗하게 유지하고 요리하는 중에도 잘 닦아요.
* 생고기와 조리를 마친 음식은 서로 다른 칼과 도마를 써요.
* 고기가 잘 요리되었는지 확인하고 가운데가 덜 익지 않도록 잘 익혀요.
* 유통 기한이 지난 음식은 사용하지 않아요.
* 쓰레기통은 뚜껑을 꼭 닫아요.
* 주방에는 동물을 들이면 안 돼요.

## 주방을 점검해요

식품 위생 규칙에 따라 주방을 점검해 보세요. 심각한 위생 문제 일곱 가지가 있어요. 찾아서 표시해 보세요.

식품 위생 점검을 마쳤으면 여기에 스티커를 붙이세요.

스티커는 이곳에

**임무 완수**

정답 ▶ 쓰레기통 옆 쥐, 쓰레기통, 치, 더러운 앞치마, 유통 기한이 지난 음식, 국자에서 흘러넘친 음식, 더러운 그릇과 시간, 냉장고에 붙은 메모

# 음식을 준비해요

부주방장

요리사는 레스토랑이 문을 열기 전에 음식을 준비해야 해요. 그날의 메뉴를 살펴보고 재료를 미리 준비해야 하지요.

수프는 레스토랑 영업 시작 이전에 만들어 놓아야 바로 서빙할 수 있어요.

빵이나 케이크가 메뉴에 있다면 영업을 시작하기 전에 구워 놓아야 해요.

닭은 오븐에서 로스팅하는 데 시간이 오래 걸리기 때문에 주문이 들어오기 전에 미리 요리를 해 놓아야 해요.

채소는 껍질을 벗기고 잘라 놓아야 해요.

## 준비 시간 확인하기

왼쪽에 있는 오늘의 메뉴를 읽고, 미리 준비해야 할 음식과 서빙 직전에 준비할 음식을 적어 보세요.

### 오늘의 메뉴

**전채 요리**
직접 만든 빵을 곁들인 토마토 수프

**주요리**
구운 닭고기와 밥, 샐러드

**후식**
신선한 딸기와 초콜릿 케이크

**미리 준비할 음식**
...........................................
...........................................
...........................................
...........................................

**서빙 직전에 준비할 음식**
...........................................
...........................................
...........................................

목록을 다 채웠으면 여기에 스티커를 붙이세요.

**스티커는 이곳에**

**임무 완수**

정답 ▶ 미리 준비할 음식 - 토마토 수프, 빵, 구운 닭고기, 초콜릿 케이크
서빙 직전에 준비할 음식 - 밥, 샐러드, 신선한 딸기

부주방장

# 음식을 저장해요

부주방장은 주방을 안전하고 깔끔하게 유지해야 해요. 음식 재료는 신선하게 보관해야 해고요. 그러려면 음식의 올바른 저장 방법을 알고 있어야 해요.

우유, 요거트, 조리된 육류는 부패를 막기 위해 **냉장실**에 차갑게 보관해야 해요.

생고기, 닭고기, 생선은 항상 **맨 아래 칸**에 보관해야 해요. 박테리아가 냉장실에 있는 다른 음식으로 퍼져 나가는 것을 막아 주거든요.

**냉동실**은 항상 영하 18도 이하의 온도를 유지해야 해요.

음식을 **냉동**하면 부패 없이 **오랫동안 보관**할 수 있어요.

유통 기한이 긴 파스타나 설탕, 쌀과 같은 식재료들은 건조한 **저장고**에서 실온에 보관해야 해요.

건조한 저장고에 있는 식재료들은 **통**이나 **용기**에 넣어 보관해야 해요. 그래야 쥐나 해충을 막을 수 있어요.

## 음식 탐정

집 안에 어떤 음식이 있는지 찾아볼까요? 빈칸에 음식 이름을 써 보세요.

| 냉장실 | 냉동실 | 선반과 찬장 |
|---|---|---|
| .................................... | .................................... | .................................... |
| .................................... | .................................... | .................................... |
| .................................... | .................................... | .................................... |
| .................................... | .................................... | .................................... |

음식을 모두 찾았으면 여기에 스티커를 붙이세요.

**임무 완수**

부주방장

# 주문 받기

메뉴가 많다는 것은 주방이 여러 종류의 음식을 한 번에 요리해야 한다는 뜻이에요. 쉽지 않겠지요? 한 테이블에 앉은 손님들에게는 함께 식사할 수 있도록 음식을 동시에 대접해야 해요. 하지만 어떤 음식은 요리하는 데 시간이 오래 걸려요. 따라서 부주방장은 어떤 음식을 먼저 요리해야 할지 결정해야 해요. 완벽한 시간 관리 기술이 필요하지요.

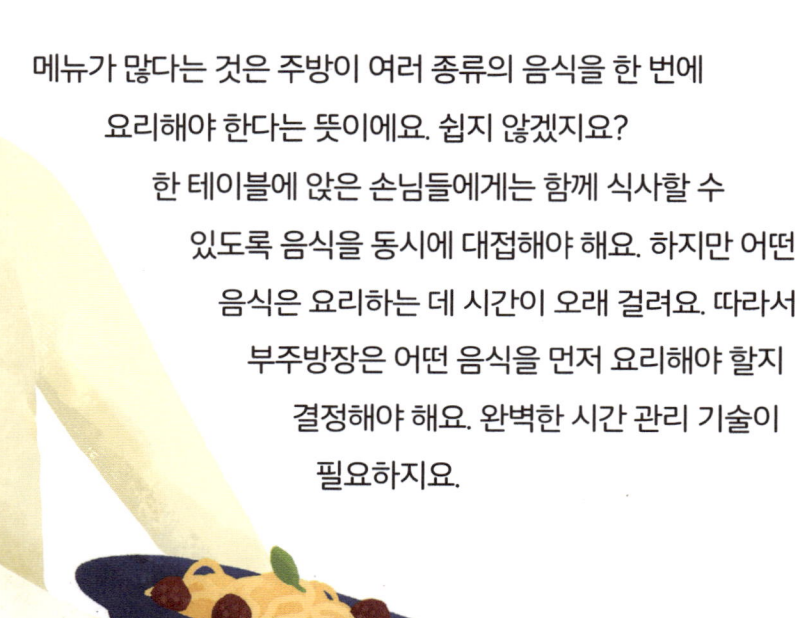

## 주문을 받아요!

손님 여섯 명이 앉은 테이블에서 지금 막 음식을 주문했어요. 모든 음식은 8시 정각에 서빙해야 해요. 요리 시간을 확인하고, 각각의 요리를 언제 시작할지 계산해 보세요. 시계를 활용하면 더 쉬워요.

1. 소고기의 요리 시간은 20분이에요. _____에 요리하기 시작해야 해요.

2. 달걀 샐러드의 요리 시간은 5분이에요. _____에 요리하기 시작해야 해요.

3. 돼지고기 부리토의 요리 시간은 10분이에요. _____에 요리하기 시작해야 해요.

4. 채소 라자냐의 요리 시간은 40분이에요. _____에 요리하기 시작해야 해요.

5. 해산물 파에야의 요리 시간은 30분이에요. _____에 요리하기 시작해야 해요.

6. 치킨 누들의 요리 시간은 15분이에요. _____에 요리하기 시작해야 해요.

시간 계산을 마쳤으면 여기에 스티커를 붙이세요.

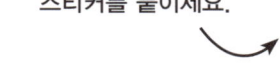 

정답 ▶ 1 – 7시 40분, 2 – 7시 55분, 3 – 7시 50분, 4 – 7시 20분, 5 – 7시 30분, 6 – 7시 45분

**임무 완수**

부주방장

# 계량해 볼까요?

요리사에게 재료를 계량하는 일은 매우 중요해요. 정확한 양의 재료를 써야 맛있는 요리가 되거든요. 아래 계량의 종류와 계량 도구를 살펴보세요.

**자밤**과 **방울**은 아주 작은 양을 의미해요.

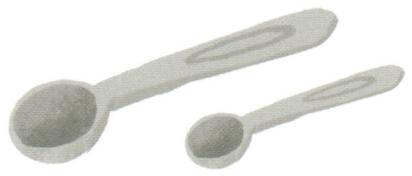

**계량스푼**은 재료를 계량할 때 사용해요. **큰술**은 **작은술**의 3배 이상의 양을 담을 수 있어요.

**저울**은 재료의 무게를 재요. 그램(g)으로 표시하지요.

**계량컵**은 한쪽에는 밀리리터(㎖)를, 다른 한쪽에는 온스(oz)를 표시해요.

# 계량하기 도전!

**아래에 나와 있는 계량 문제를 풀어 보세요.**

준비물 : 저울, 파스타 혹은 쌀, 계량컵, 계량스푼 한 세트

## 문제 1.
1kg의 밀가루와 1kg의 파스타 중 무엇이 더 무거울까요?

## 문제 2.
1/4작은술은 1작은술에 몇 개 들어갈까요?

## 문제 3.
저울로 파스타나 쌀 225g을 계량해 보세요.

## 문제 4.
계량컵으로 물 225ml를 계량해 보세요.

## 문제 5.
계량스푼 세트로 물 1/4작은술, 1/2작은술, 1작은술을 계량해 보세요.

계량을 마쳤으면 여기에 스티커를 붙이세요.

**스티커는 이곳에**

**임무 완수**

정답 ▶ 문제1 - 밀가루와 파스타의 무게는 같아요. 문제2 - 4개

부주방장

# 레스토랑에서는 누가 일할까요?

레스토랑은 모두가 바쁜 공간이에요. 레스토랑 안에서 함께 일하는 사람을 파악하면 더 효율적으로 일할 수 있겠지요? 누가 무슨 일을 하는지 읽어 보세요.

**주방 보조**는 깨끗한 접시와 수저 등 주방 도구를 관리해요. 주방을 깨끗하게 청소하고, 배달된 식자재를 정리하고, 채소를 다듬는 등 도움이 필요한 일은 무엇이든 돕지요.

**웨이터**는 고객을 살피고, 주문을 받으며, 음식을 서빙해요. 고객에게 메뉴를 추천해 주기도 하지요. 웨이터는 주방과 고객을 연결하는 가장 중요한 일을 해요.

**매니저**는 직원을 고용하고, 웨이터 팀을 이끌고, 음식을 만드는 데 필요한 식재료를 주문하는 등 식당 관리 업무를 해요.

요리 정보

## 축하합니다! 부주방장 과정을 마쳤어요.

### 부주방장 자격증

이름 :

위 사람에게 부주방장 자격을 드립니다.
그동안의 노력에 감사드립니다.

이제 멋진 부주방장이 될 수 있습니다.

자격증 취득 날짜 :

## 주방장

# 요리복을 살펴요

요리사는 요리복을 입을 때 더욱 전문성 있어 보여요. 그렇다고 겉으로 보여 주기 위해서 입는 건 절대 아니에요. 요리복에는 각각의 기능이 있거든요.

**모자**는 음식에 머리카락이 떨어지는 것을 막아요. 머리가 긴 요리사는 머리 망을 써 주는 것이 좋아요.

두꺼운 **앞치마**는 요리사를 보호해요. 뜨거운 음식이 요리사 쪽으로 쏟아질 때 막아 주지요. 그래서 앞치마는 뜨거운 것을 견디는 재질로 만들어요.

**주방 재킷**은 강한 섬유 소재로 만들어요. 요리사를 액체와 불길로부터 보호해 줘야 하기 때문이에요. 뜨거운 주방에서 요리사를 시원하게 해 주기도 해요.

**바지**는 얼룩을 가리기 위해 어두운 색이거나 패턴이 들어가 있어요. 엎질러진 액체나 음식으로부터 요리사의 피부를 보호하기 위해 통이 넓어요.

요리사는 오랫동안 서서 일하기 때문에 편안한 **신발**을 신어요. 신발은 뜨거운 음식이 쏟아졌을 때 요리사의 발을 보호하지요.

## 요리사 모자를 만들어요

준비물 : 8cm 넓이의 긴 흰색 종이, 주름지, 가위, 접착테이프, 도와 줄 어른

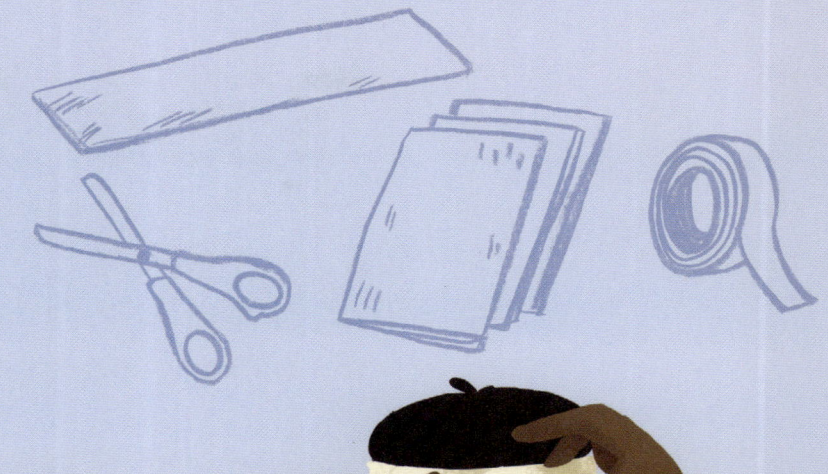

1. 긴 흰색 종이를 머리에 두르고 남는 종이를 잘라 내요. 어른에게 도와달라고 부탁해도 좋아요.

2. 긴 흰색 종이를 편평한 바닥에 놓아요. 그런 다음 주름지를 뜯어서 흰색 종이에 붙여요.

3. 주름지가 잘 붙었으면, 긴 흰색 종이의 양 끝이 겹치도록 맞붙여요. 그리고 주름지의 위를 잘 모아서 붙여요.

4. 모자 위를 안으로 모아 접어서 주름지가 볼록하게 부풀게 해요. 짠! 요리사 모자가 완성되었어요!

요리사 모자를 다 만들었으면, 여기에 스티커를 붙이세요.

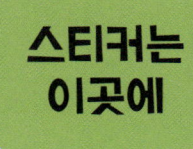

스티커는 이곳에

**임무 완수**

주방장

# 3코스 요리

식사를 구성하는 방법에는 여러 가지가 있지만, 가장 인기 있는 방법은 3코스 요리예요. 손님에게 세 가지 음식을 대접하는 것을 의미해요.

**전채 요리**는 스프링 롤처럼 적은 양의 음식으로, 식사의 초반에 서빙해요. 전채 요리는 손님에게 다양한 요리를 맛볼 기회를 제공하는 동시에 요리사가 주요리를 준비하는 동안 간단하게 먹을거리가 되지요.

**주요리**는 가장 크고 중요한 요리예요. 주요리는 면 요리부터 스테이크, 채소를 곁들인 찐 생선까지 종류가 다양해요.

마지막으로 **후식**을 내요. 후식은 주로 케이크, 아이스크림, 과일 파이나 타르트처럼 단맛이 나는 음식이에요.

## 3코스 요리 선택하기

혁주는 배가 무척 고프대요. 혁주가 무엇을 좋아하고 싫어하는지 읽고 혁주만을 위한 3코스 요리를 준비해 보세요. 각 코스마다 색다른 요리를 준비해야 해요.

* 혁주는 찬 요리보다 뜨거운 요리를 좋아해요.
* 혁주는 매운 음식은 별로 좋아하지 않아요.
* 혁주는 닭 요리도 좋아해요.
* 혁주는 초콜릿으로 만든 후식을 좋아해요.

**주요리**

**전채 요리**

**후식**

혁주를 위한 요리를 다 그렸다면, 여기에 스티커를 붙이세요.

**스티커는 이곳에**

**임무 완수**

# 메뉴를 만들어요

주방장

주방장의 가장 중요한 임무 중 하나는 메뉴를 만드는 일이에요. 모든 메뉴를 다 할 수는 없지만, 손님이 많이 찾게 하려면 맛있는 메뉴를 개발해야 해요.

두 가지 전채 요리, 두 가지 주요리, 두 가지 후식으로 8가지 3코스 식사 조합을 만들 수 있어요.

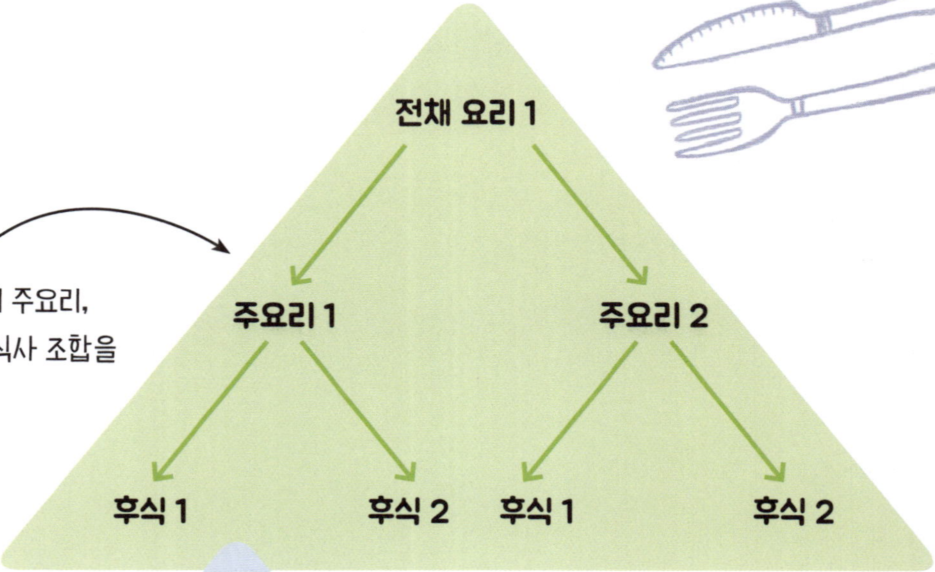

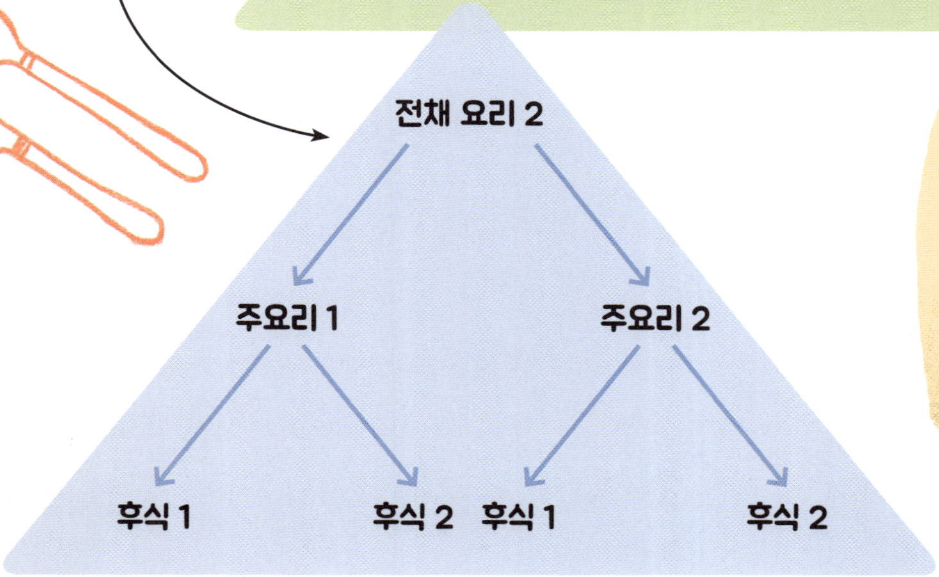

전채 요리 1 → 주요리 1 → 후식 1, 후식 2 / 주요리 2 → 후식 1, 후식 2

전채 요리 2 → 주요리 1 → 후식 1, 후식 2 / 주요리 2 → 후식 1, 후식 2

10가지 전채 요리, 10가지 주요리, 10가지 후식으로는 무려 1천 가지의 3코스 식사 조합을 만들 수 있지요!

## 메뉴 개발 도전!

어느 레스토랑에서 메뉴를 개발하려고 해요. 먼저 4가지 전채 요리가 필요하고, 6가지 주요리, 4가지 후식이 필요해요. 거의 100가지 3코스 식사 조합을 만들 수 있는 요리지요.
메뉴를 다양하게 개발해 보세요. 예를 들어, 수프를 전채 요리 중 하나로 결정했다면, 나머지 세 개의 전채 요리는 수프가 아닌 것으로 구성해 보세요.

먼저 여러분이 좋아하는 음식을 떠올려 보고, 음식점에서 본 메뉴를 참고하여 개발해 보세요.

**전채 요리**

**주요리**

**후식**

메뉴 개발을 마쳤으면 여기에 스티커를 붙이세요.

**스티커는 이곳에**

**임무 완수**

주방장

# 주방장의 업무

*5번 테이블에서 음식 주문이 들어왔어요!*

*오븐에서 치킨을 꺼내야 합니다!*

주방장은 팀원들을 잘 이끌고, 팀원들이 힘을 모아 일할 수 있도록 지원해야 해요. 뿐만 아니라 맛있는 음식을 개발해야 하지요. 아래에 주방장이 해야 할 일을 적어 놓았어요. 잘 읽고 기억해 두세요.

* 필요한 재료가 모두 준비되어 있는지 확인한다.
* 일을 할 요리사와 주방 보조가 충분히 있는지 확인하고 팀을 관리한다.
* 각각의 팀원들이 무슨 요리를 할지 결정한다. 한 요리사가 전채 요리를 담당하면 다른 요리사는 주요리만을, 세 번째 요리사는 후식에만 집중할 수 있게 한다.
* 요리 도구 결함부터 일손 부족까지 다양한 문제 상황을 해결한다.
* 팀원에게 조언을 해 주고, 해야 할 일을 잘 알고 있는지 확인한다.

*그릴이 작동하지 않아요!*

*깨끗한 접시가 필요해요!*

주방장은 팀원들이 행복하게 일할 수 있도록 돕고, 최선을 다할 수 있도록 용기를 북돋아 줘야 해요. 멋진 주방장에게는 그를 뒷받침해 주는 최고의 팀이 있답니다!

## 멋진 리더 요리법

오른쪽에는 주방장이 팀을 이끄는 데 필요한 기술과 태도가 적혀 있어요.
각 목록에서 가장 중요하다고 생각하는 4가지를 고르고, 아래에 적어 보세요.

### 기술

* 의사소통
* 계획하기
* 문제 해결
* 시간 관리
* 직원 교육
* 결정하기
* 정리하기
* 동기 부여

### 태도

* 섬세함
* 긍정적
* 침착함
* 완벽함
* 열정적
* 공감력
* 친근함
* 유머

## 멋진 리더 요리법

1접시의 ....................................

150g의 ....................................

1/2컵의 ....................................

100ml의 ....................................

1큰술의 ....................................

1작은술의 ....................................

1방울의 ....................................

1자밤의 ....................................

멋진 리더가 되려면 이 모든 것들이 잘 섞여야 해요!

리더 요리법을 완성했으면 여기에 스티커를 붙이세요.

**스티커는 이곳에**

**임무 완수**

# 가격을 정해요

**주방장**

주방장은 요리 외에 레스토랑의 경제 사정까지 고려해야 해요.
재료 비용, 요리 도구 구입 비용, 인건비, 임대료 등 각종 지출을
잘 계산하고 정리해서 레스토랑을 운영해야 하지요.

모든 비용을 고려해서 합리적인 음식 가격을 정하는 방법이 있어요.
보통 음식에 드는 비용의 3배를 가격으로 책정하지요.
아래에서 확인해 보세요.

어떤 레스토랑 메뉴에
비프 버거와 감자튀김이 있어요.

\* 원가

소고기 패티  1천 원
햄버거  400원
양상추  200원
토마토  300원
적 양파  100원
감자튀김  500원
―――――――――
총 2천500원

음식 가격 : 7천500원

손님이 비프 버거와 감자튀김 원가의
3배를 지불하도록 가격을 정해야 해요.

## 메뉴 속의 수학

아래에 있는 재료의 값을 확인하고 음식의 값을 계산해 보세요.
음식 가격이 재료비의 3배가 되어야 한다는 사실, 잊지 마세요!

베이글 500원

연어 살코기 3천 원

브로콜리 500원

쌀밥 500원

렌틸 카레 1천 원

땅콩 버터 300원

### 음식 가격

요리 (가)   연어 살코기 + 브로콜리 = _____ 원
요리 (나)   렌틸 카레 + 쌀밥 = _____ 원
요리 (다)   베이글 + 땅콩 버터 = _____ 원

음식 가격을 계산했으면
여기에 스티커를 붙이세요.

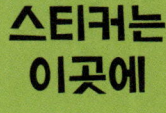

스티커는
이곳에

임무 완수

정답 ▶ 요리 (가) - 1만 500원, 요리 (나) - 4천500원, 요리 (다) - 2천400원

주방장

# 보기 좋은 음식

얼룩덜룩한 요리 한 그릇, 어떤가요? 맛이 있을까요?

맛은 있을지 몰라도 보기에는 좀 별로인 것 같아요. 보기 좋은 음식이 맛도 좋다는 말이 있어요. 그래서 주방장은 요리의 겉모습에도 신경 써야 하지요. 음식을 먹음직스럽게 보이게 하려면 음식의 색, 모양, 그릇을 잘 선택해야 해요.

요리사는 창의성을 발휘해서 음식을 꾸며야 해요. 예를 들어, 단순한 초콜릿 케이크를 특별하게 보이도록 예쁘게 꾸밀 수 있어야 하지요.

## 딸기 생쥐 만들기

딸기처럼 단순한 재료도 멋진 간식으로 변할 수 있어요. 음식 꾸미기 기술을 키우기 위해 아래의 요리법을 따라해 보세요.

준비물 : 딸기, 검은 참깨나 작은 초코 칩, 아몬드 슬라이스, 빨간색 실

1. 딸기 꼭지를 떼요. 딸기를 세로로 잘라서 편평한 면이 바닥에 닿게 놓아요.

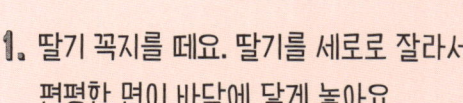

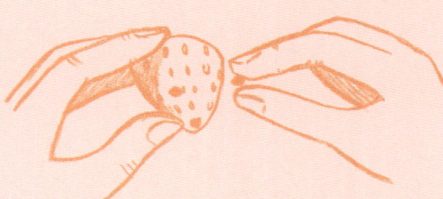

2. 검은 참깨나 초코 칩으로 눈과 코를 만들어 붙여요.

3. 생쥐의 귀를 만들 거예요. 딸기 윗부분에 칼로 작은 홈을 내고 아몬드 슬라이스를 꽂아요.

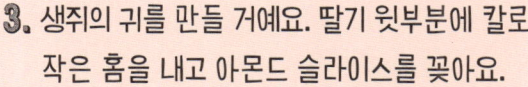

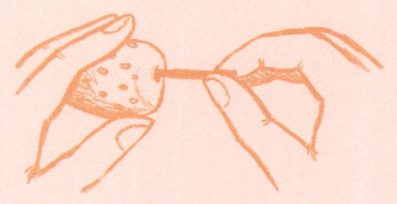

4. 이번에는 꼬리를 만들 거예요. 딸기 뒷부분에 빨간색 실을 꽂아요.

딸기 생쥐를 다 만들었으면 여기에 스티커를 붙이세요.

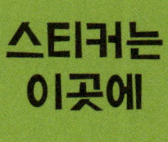

**스티커는 이곳에**

**임무 완수**

주방장

# 채소 볶음을 만들어요

채소 볶음은 재료 준비가 가장 중요해요. 요리할 때는 불을 사용해야 하므로 어른과 함께해야 해요. 채소가 튀는 것을 방지하기 위해 중국식 팬인 웍에서 요리하는 것이 가장 좋지만, 웍이 없다면 넓은 프라이팬에 요리해도 좋아요.

## 채소 볶음

**분량** 4인분
**준비 시간** 10분
**총 요리 시간** 30분
**재료** 당근 1개
  양송이 버섯 6개
  피망 1개
  에그 누들 250g
  식용유 2큰술
  간장 2큰술
  고수 한 움큼

**1.** 도우미 어른에게 당근 껍질을 까 달라고 부탁해요. 그런 다음 당근을 강판에 갈아요.

**2.** 버섯을 젖은 주방용 수건으로 닦고, 테이블 나이프로 잘게 잘라요.

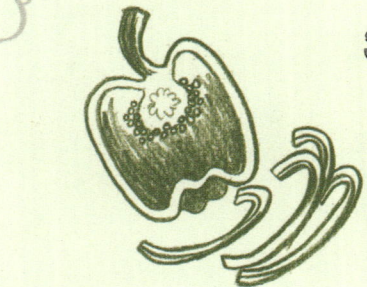

**3.** 테이블 나이프로 피망을 반으로 잘라요. 피망 대와 씨를 꺼내고 칼로 하얀 부분을 정리해요. 그런 다음 피망을 세로로 길게 잘라요.

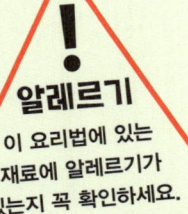

**알레르기**
이 요리법에 있는 재료에 알레르기가 있는지 꼭 확인하세요.

4. 도우미 어른에게 적 양파의 껍질을 벗기고 작은 조각으로 잘라 달라고 부탁해요.

5. 도우미 어른에게 에그 누들을 끓는 물에 4분 간 데치고 물기를 빼 달라고 부탁해요.

6. 도우미 어른에게 웍이나 넓은 프라이팬을 높은 온도에서 달구고, 기름을 두른 후에 채소를 넣어 달라고 부탁해요.

7. 채소를 약 3분 동안 볶아요.

8. 데친 에그 누들과 간장을 넣고 2분 동안 더 볶아요.

9. 불을 끄고 음식을 서빙하세요.

**서빙 방법** 그릇에 채소 볶음을 담고 고수 토핑을 얹어 주세요.

채소 볶음을 만들었으면 여기에 스티커를 붙이세요.

스티커는 이곳에

**임무 완수**

주방장

# 미쉐린 가이드

가끔 비밀 조사 요원들이 레스토랑을 방문하기도 해요. 음식이 얼마나 훌륭한지, 서비스는 좋은지 평가하기 위해서지요. 여러 가지 음식 평가 시스템이 있지만, 가장 유명한 것은 미쉐린 가이드예요. 별의 개수로 점수를 매기지요.

좋은 요리

훌륭한 요리

최고의 요리

비밀 조사 요원들은 다음과 같은 평가 기준으로 점수를 매겨요.

**음식의 질** 질 좋은 재료로 음식을 만들었는가?

**요리** 음식을 잘 요리하였는가? 음식이 타지는 않았는가? 식지는 않았는가?

**풍미** 음식의 맛이 좋은가? 모든 재료가 잘 어우러지는가?

**외관** 음식이 외관상 매력적인가?

**독창성** 지금까지 맛보지 못했던 음식인가?

만약 비밀 조사 요원이 방문한다는 사실을 요리사가 미리 안다면, 아마 요리를 근사하게 대접하기 위해 갖은 노력을 할 거예요. 그래서 비밀 조사 요원들은 누구에게도 알리지 않고 비밀스럽게 방문하지요. 그래야 레스토랑이 평소 손님에게 어떻게 대접하는지 알 수 있으니까요!

\* 비밀 조사 요원 일은 가족과 친구를 포함한 모든 사람에게 알리지 않는 일급비밀이에요.

\* 비밀 조사 요원은 가짜 이름으로 레스토랑을 예약하지요.

\* 비밀 조사 요원들은 점수를 매기기 전에 여러 차례 레스토랑을 방문하여 매번 다른 메뉴를 먹어 봐요.

\* 비밀 조사 요원들은 들키지 않으려고 외모를 바꾸기도 해요. 머리 스타일을 바꾸거나, 안경을 쓰거나 모자를 쓰기도 하지요.

학교나 카페, 혹은 레스토랑에서 먹은 음식들에 점수를 매겨 보면 어떨까요?

요리 정보

축하합니다! 주방장 과정을 마쳤어요.

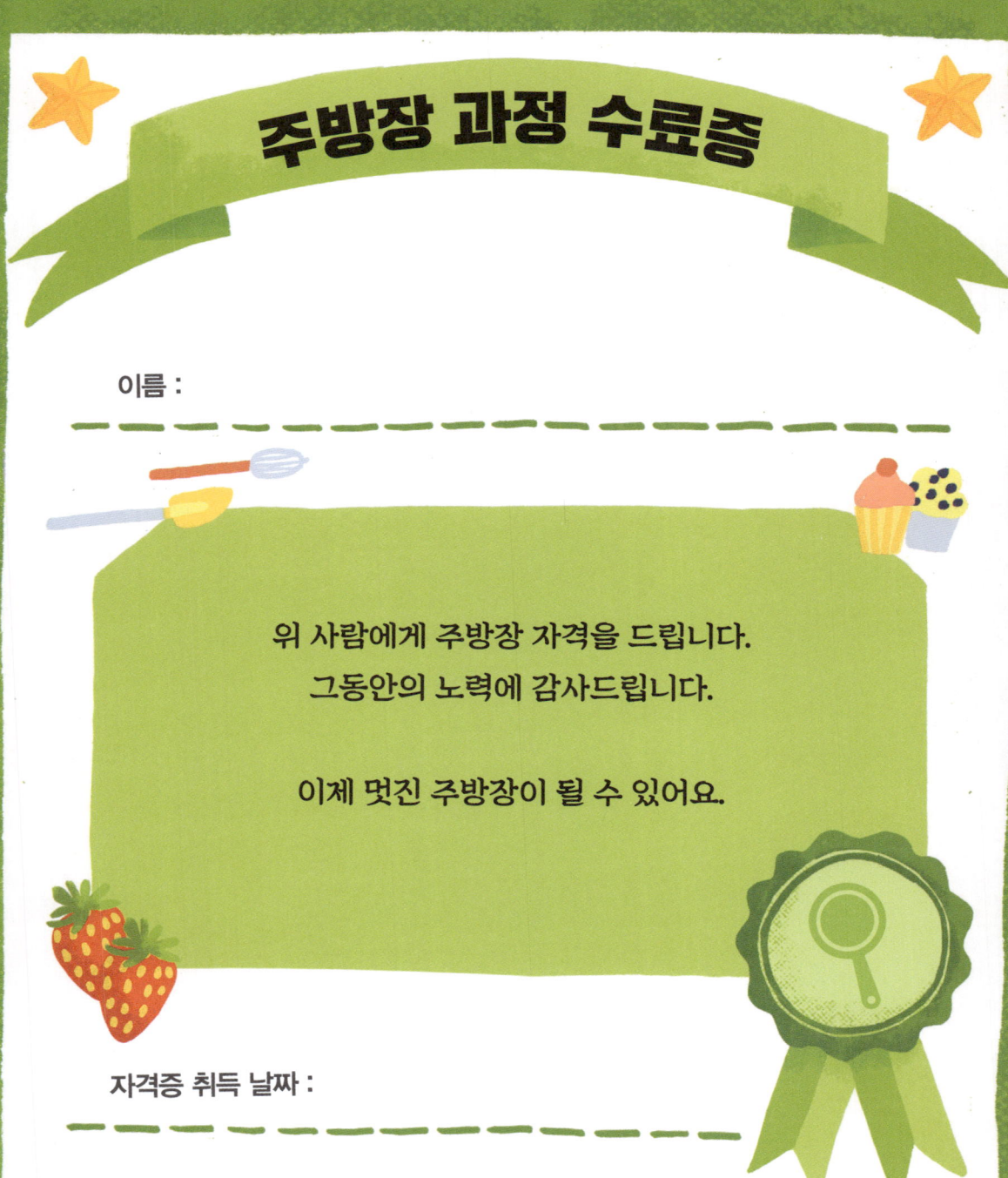

## 요리사 아카데미 졸업장

요리사 아카데미 훈련 과정을 모두 마쳤어요.
이제 훌륭한 **요리사**가 될 수 있어요.

**지금부터 요리사 선서를 할 거예요.
다 읽고 난 다음에는 선사를 꼭 지키겠다는 의미로
선서문 아래에 서명하세요.**

1. 주방을 항상 깨끗하고 안전하게 유지하겠습니다.
   식품 위생 규칙도 잘 지키겠습니다.

2. 요리 도구를 사용할 때 주의할 것이며, 누군가의 도움이
   필요할 때에는 반드시 도움을 요청하겠습니다.

3. 건강한 음식에 대해 공부할 것이며, 요리에 다양한 과일과
   채소를 활용하겠습니다.

4. 고객을 위해 가장 맛있는 음식을 만들겠습니다.

5. 새로운 음식을 배우고, 실험하고, 도전하기를 멈추지 않겠습니다.

6. 항상 고객과 동료 주방 직원들을 존경을 담아 모시겠습니다.

여러분의 얼굴을
그려 넣거나
사진을 오려
붙이세요.

서명 :

# 부록

* 스티커
* 요리 도구 게임 카드
* 세계의 요리 포스터
* 피자 토핑 게임
* 컵케이크 장식하기

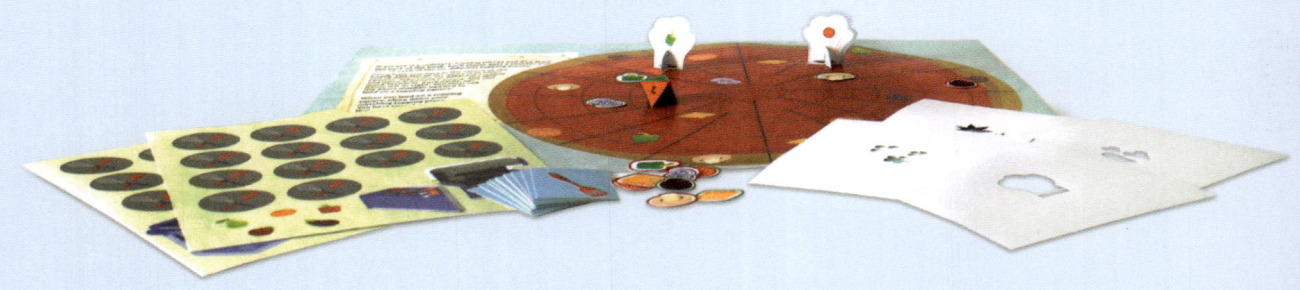

## 요리 도구 게임 방법

1. 카드를 잘 섞고, 뒤집은 다음 편평한 곳에 한 줄로 놓아요.
2. 자신의 차례가 되면 카드 두 장을 골라 뒤집어요. 만약 두 카드가 같으면 두 카드를 갖고, 카드 두 장을 다시 골라요.
   만약 두 카드가 다르면 카드를 다시 뒤집어 놓고 상대방에게 순서를 넘겨요.
3. 카드를 가장 많이 가진 사람이 이겨요.

**게임말**

**토핑 조각**

**주사위**

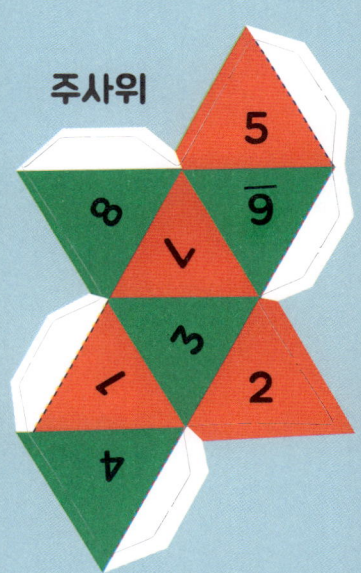